مارٹِن لُوتھر

کا

مختصر کیٹکزِم

The Small Catechism in Urdu
by
Martin Luther

Translated by Naomi Joseph

ISBN 978-1-960840-11-0

Cover and interior design by
Kristina Phillips and Shahbaz Qamar

S A L M

SouthAsiaLutheranMission.com

مشمولات

مارٹن لوتھر کا دیباچہ

مارٹِن لُوتھر کی طرف سے تمام ایماندار، مُتقّی پاسبانوں اور مُبلِغین کو ہمارے خُداوند یسوع کا فضل، رحم اور اِطمینان حاصل ہو۔ اَفسوسناک، قابلِ رحم حالت جِس کا مجھے حال ہی علم ہوا جب میں معائنہ کر رہا تھا، اُس نے مجھے مجبُور اور دباؤ ڈالا کہ میں اس کیٹکزِم (مسیحی نظریہ) کو اِس مُختصّر اور سادہ شکل میں مُرتب اور شائع کروں۔

اَے میرے پیارے قادرِ مُطلق خُدا میری مدد فرما۔ یہ میں نے کیسی بڑی تباہی دیکھی ہے۔ عام آدمی کو، خاص کر دیہی علاقوں میں، مسیحی نظریہ کے بارے میں کُچھ علم نہیں ہے، اور بد قسمتی سے، بُہت سے پادری صاحِبان اِس کی مکمل تعلیم دینے میں مَعذور اور نا اہل ہیں۔ یہ کہنا شرم کی بات ہو گی ۔ اور پھر بھی وہ سب بپتسمہ یافتہ مسیحی کہلائے جاتے ہیں، اور ہم سب کے ساتھ مل کر پاک رَسُوم میں شامِل ہوتے ہیں، حالانکہ نہ تو وہ اِس کا مطلب جانتے ہیں، اور نہ ہی دُعائے رَبّانی، رسُولوں کا عقیدہ یا دس احکام کی تلاوت کر سکتے ہیں۔ مختصریہ کہ وہ وَحشی دَرندوں سے کُچھ مختلف نہیں۔ اور اب جبکہ اِنجیل (خوشخبری) آچکی ہے، وہ مسیحی آزادی کو غلط استعمال کرنے کے فن میں مہارت حاصل کر چکے ہیں۔ اَے بشپ صاحبانوں، تم مسیح کو کیا جواب دو گے۔ جس شرمناک طور پر تم نے لوگوں کو نظر انداز کر کے بھٹکنے دیا اور ایک لمحے کے لیے بھی اپنا فرض پورا نہیں کیا۔ خُدا نے اُنہیں تماری نگرانی میں سونپا، مگر تم نے ہر وہ کام کیا جو تم کو تمہارے رُتبہ کے لحاظ سے نہیں کرنا چاہیے تھا۔ مسیحی مذہب کی تباہی صرف تمہاری وجہ سے ہے، اور تم اِس کے لیے ذِمہ دار ہو۔ میں اُمید کرتا ہوں کہ آپ کے ساتھ کُچھ بُرا نہ ہو اور تمام بدبختی آپ سے دُور ہو جائے۔ کیا یہ بے

غیرتی اور بے حیائی کی اعلیٰ ترین شکل نہیں کہ آپ ایک طرف تقدِیس کا حکم دیتے ہو اور دوسری طرف اپنی انسانی روایات پر اصرار کرتے ہو۔ اور اس کے ساتھ آپکو اِس بات کی بھی بالکل پرواہ نہیں کہ لوگ دُعائے رَبّانی، عَقیدہ، دس احکامات یا خُدا کے کلام کے کِسی حِصّہ کو جانتے ہیں یا نہیں؟ اَفسوس، تم پر صد اَفسوس! لہٰذا میں خُدا کے لیے آپ سب سے التجا اور وَصّیت کرتا ہوں، میرے پیارے صاحبان اور بھائیوں جو پادری اور مُبلغ ہیں اپنے آپ کو مَنصب کے فرائض کو اپنے پورے دِل سے وقف کرو، لوگوں پر اور خاص طور پر نوجوانوں پر رحم کرو۔ اور وہ جو اِس سے بہتر نہیں کر سکتے ہیں۔ اگر آپ میں سے کوئی اتنا غیر ہُنر مند (بے ہُنر) ہے کہ آپکو اِن معاملات کا قطعی عِلم نہیں، تو اِن اشکال اور عبارتوں کو حرف بہ حرف تحریر کر کے لوگوں کو مندرجہ ذیل طریقے سے مشق کرانے میں شرم محسوس نہ کرو۔

اَوّل (سب سے پہلے) اور سب سے مُقدم، پاسبان کو بڑے احتیاط سے دس احکام، دعائے رَبّانی، عقیدہ اور پاک رسُومات کی مختلف اشکال یا عبارات سے گریز کرنا چاہیے بلکہ کِسی ایسے قاعدہ کا انتخاب کریں جِس پر وہ خُود عمل کرتا ہو اور سال بہ سال ذہّن نشین یا تاکید کرتا ہو۔ تاہم میں یہاں یہ مشورہ دیتا ہوں۔ مُجھے کیونکہ علم ہے کہ نوجوان اور سادہ لوح لوگوں کو یکساں ترتیب شُدہ عِبارتوں اور شکلوں سے پڑھانا چاہیے، ورنہ وہ آسانی سے اُلجھن میں پڑ جاتے ہیں۔ آج جب اُستاد اُنہیں ایک طَرز سے سِکھاتا ہے اور اگلے سال کسی اور طریقے سے، گویا وہ اپنی دانست میں بہتری لانا چاہتا ہے، وہ اِسطرح تمام محنت و مشقت کو ضائع کر دیتا ہے جو اِس کی تدرِیس میں خرچ کی جاتی ہے۔ اِسکے علاوہ ہمارے مبارک باپ دادا بھی اِس کو بڑی سلیقہ مندی سے سمجھتے تھے۔ کیونکہ اُن سب نے ایک مُقررہ ترتیب شدہ، دُعائے رَبّانی، عقیدہ اور دس احکام کیلئے ایک ہی مَتن استعمال کیا۔

لہٰذا ہمیں بھی ان کی مستعدی کی تقلید کرنی چاہیے اور نوجوان اور سادہ لوح لوگوں کو سِکھانے کیلئے دردمند رہنا چاہیے۔ چاہے کِتنی ہی بار کیٹکزم پڑھائیں وہ نہ کسی حرف کو تبدیل کریں نہ ہی انکی ترتیب۔ نہ کِسی سال کے مقابلے میں دوسرے سال مختلف طریقے سے دہرائیں۔
اِسلئے آپ جو چاہیں انتخاب کریں اور پھر ہمیشہ کے لیے اُس پر قائم رہیں۔ لیکن

جب آپ پڑھے لکھے اور ذہین لوگوں کی موجودگی میں تبلیغ کرتے ہیں تو آپ اَپنی مہارت کا مظاہرہ کر سکتے ہیں۔ اور اُن حصّوں کو مُختلف انداز اور زاویوں سے دِلکش انداز میں پیش کر سکتے ہیں۔ لیکن نوجوانوں کے ساتھ ایک مقررہ مستقل شکل اور انداز پر قائم رہیں اور اِن سب حصّوں میں سے پہلے دَس اِحکام، عقیدہ، دُعائے رَبّانی سکھائیں اور اِسی انداز کو بر قرار رکھتے ہوئے حرف بہ حرف بھی، تاکہ وہ بھی اُسے اُسی انداز میں دُہرائیں اور یاد کرنے کا عہد کریں۔

لیکن وہ جو سیکھنے سے اِنکار کرتے ہیں اُنہیں بتایا جانا چاہیے کہ وہ مسیح کا اِنکار کر رہے ہیں اور وہ مسیحی نہیں، اُنہیں نہ پاک رُسوم میں شامل کیا جائے، نہ ہی بپتسمہ کیلئے ضامن کے طور پر مَنظُور کیا جائے، نہ ہی کسی مسیحی حقوق کو آزادی سے استعمال کرنے دیا جائے، بلکہ قطعی طور پر اُسے پوپ اور اُسکے عُہدہ داران کے حوالہ کیا جائے، بے شک خود اِبلیس کو۔ عِلاوہ اَزیں، اُنکے والدَین اور آجر کو اُنہیں کھانے پینے کی اشیاء مُہیا کرنے سے انکار کرنا چاہیے اور اس سے بھی بہتر کہ اُن کو خبردار کیا جائے کہ ایسے گستاخ لوگوں کو شہزادہ خُود سَلطنت سے خارج کر دَیگا۔

گو کہ ہم کِسی کو بھی ایمان لانے کیلئے نہ تو خُود راضی یا مجبُور کر سکتے ہیں، پھر بھی ہمیں پُر زور طریقے سے لوگوں سے اصرار کرنا چاہیے کہ وہ اِس اَمر کو سمجھیں کہ جس معاشرے میں وہ رہتے اور اپنی زندگی بسر کرنے کی تمنّا رکھتے ہیں اُسکی اچھائیوں اور بُرائیوں کو جانیں۔ کیونکہ جو بھی کسی آبادی میں رہائش پذیر ہوتا ہے لازم ہے کہ وہ اُس بستی کے طے شدہ قوانین کا پابند ہو تاکہ وہ اُس جگہ کے تمام بُنیادی حُقوق سے مُستفید ہو سکے، اس سے کوئی فرق نہیں پڑتا کہ وہ ایماندار ہے یا ذاتی طور پر پوشیدگی میں بدمعاش اور فریبی ہے۔

دُوم، جب وہ لوگ انجیل کی اُن آیات کو اَحسن طریقے سے ذہن نشین کر لیں، تو اُنہیں اُسکے مَعنیٰ واضع کریں تاکہ وہ اُسکو سمجھ جائیں، اور پھر جیسا آپ مناسب سمجھیں ترتیب شُدہ عِبارات اور اشکال کے ذریعے مختصر طور سے بیان کریں۔ آپ اُس کو بغیر ردو بدل کیے، یکساں رَوّی سے، ایک شوشہ بھی تبدیل کیے بغیر مستقل جاری رکھیں، جیسا پہلے اُس حکم یا حصّہ کو خاص طور پر پُرزور اَہمیت دو جو اِن لوگوں میں سب سے زیادہ (ادائے فرض سے قاصر رہا ہے)

غفلت کا شکار ہے۔ برائے مثال، ساتواں حکم، جو چوری سے تعلق رکھتا ہے۔ اِسکو بڑی سرگرمی سے ضرورتاً کاریگروں اور سوداگروں میں، بلکہ کسان اور خدِمت گار اور اِن جیسے افراد میں بہت سی اِقسام کی بے ایمانی اور چوری چکاری عام ہے۔ ایسے ہی تم ضرور چوتھے حکم پر زور دو، نوجوانوں اور عام مسیحیوں پر، تاکہ وہ پُرسکون، ایماندار، تعبدار اور پُراطمینان رہیں۔ اور تم ہمیشہ اُن کو پاک کلام سے اِیسی مثالیں مُہیا کرنا جس سے اُن پر یہ آشکار ہو کہ خُدا نے کس طرح ایسے لوگوں پر سَزا اور برکات نازِل کیں۔

تُم ضرُور، خاص کر، حاکمِ فوجداری اور والدین کو اصرار سے کہو کہ وہ نہایت اِحتیاط سے حکومت/فیصلہ کریں اور اپنی اولاد کو ایسی درس گاہوں میں بھیجیں، اور اُن پر یہ عیاں کریں کہ یہ اِن کا فرض ہے اور اگر وہ یہ نہیں کرتے، تو وہ ایک نہایت ہی نفرت انگیز (لعنتی) گناہ کے مُرتکب ہوتے ہیں۔ کیونکہ اپنی اس غفلت کے باعث وہ خُدا کی آسمانی اور دُنیوی سلطنت کو تباہ و برباد کرتے ہیں، جیسے کہ خُدا اور انسان دونوں کے بدترین حَرِیف ہوں۔ اور اُن پر واضح طور پر عیاں کرو کہ اگر وہ اپنے بچوں کو پاسبان، ناصِح، محرر (مُصنّف) وغیرہ بننے کے لیے رہنمائی نہیں کرتے تو وہ اُن کو کیسا بھیانک نُقصان پہنچاتے ہیں۔ اور خُدا اُنکو اِس عمل کی سزا دیگا۔ اس کے لیے ایسی تبلیغ کی ضرورت ہے۔ دیانتداری کی بات ہے، کہ میں ایسے کسی عنوان سے لاعلم ہوں جِس کو اِس سے زیادہ اہمیت دینی چاہیے۔ اِس نِسبت سے والدین اور حاکمِ فوجدار بیان سے باہر، گناہ کے مُرتکب ہیں۔ اِبلیس بھی اِن معاملوں (افعال/امور) کیوجہ سے سفاک/ظالم منصُوبہ بندی کرتا ہے۔ آخر میں، چُونکہ جب سے پوپ کی ظالمانہ حکومت موقُوف/منسُوخ ہوئی ہے، لوگ پاک رسوم میں شامِل ہونے کیلئے تیار نہیں ہوتے، اور وہ اِن کو حقارت سے غیر ضروری اور فضُول گردانتے ہیں۔ یہاں پر ہم پھر اُن سے یہ سمجھتے ہوئے اصرار کریں، کہ ہم کسی کو ایمان لانے پر مجبُور نہیں کریں، یا پاک عشاء حاصل کریں، نہ کوئی قانُون قائم کریں، نہ وقت، نہ اُسکے لیے جگہ، بلکہ اِس کی اِس طرح تبلیغ کرنی ہے۔ جس طرح باہم رضا مَندِی کے، بغیر کسی قانُون کے، وہ خُود اِصرار کریں، جس سے پاسبان مجبُور ہو کر اُنکے لیے پاک عشاء (کا بندوبست) فراہم کرے۔ یہ اِس طرح بول کر بھی کیا جا سکتا ہے، "جو کوئی ایک سال میں چار مرتبہ عِشائے رَبّانِی لینے کی کوشش نہیں کرتا، وہ پاک عشاء کی تحقیر کرتا ہے اور مسیحی نہیں، اُسی طرح وہ جو اِنجیل پر ایمان

نہیں لاتا اور اُسکی نہیں مانتا وہ مسیحی نہیں ہوتا۔" مسیح نے یہ نہیں کہا کہ 'یہ ترک کرو' یا 'یہ حقیر جانو'، بلکہ 'جب بھی پیو، یہی کیا کرو۔' در حقیقت وہ یہ چاہتا ہے کہ ایسا ہو اور نہیں چاہتا کہ سراسر غفلت یا نفرت کا شکار ہو۔ اُس نے کہا، 'ایسا کرو!' اب، جو بھی کوئی پاک عشاء کو اعلیٰ درجہ نہیں دیتا وہ یہ ظاہر کرتا ہے کہ اُس کے لیے گناہ کچھ نہیں، نہ بدن، نہ اِبلیس، نہ دنیا، نہ موت، نہ خطرہ، نہ جہنم۔ یعنی یہ کہ، وہ ایسی کسی بات پر یقین نہیں رکھتا، حالانکہ یہ سب اُسکے دل و دماغ کی پیداوار ہے اور وہ دُہری طور سے اِبلیس کے چُنگل میں ہے (شیطان کا ہے)۔ اِس کے برعکس، اُسے کسی فضل ،زندگی، جنت ، بہشت، مسیح، خُدا یا کوئی بھی اچھی چیز درکار نہیں۔ کیونکہ اگر وہ یہ جانتا کہ اُس میں کتنی بدی ہے اور اُسے اُسی قدر بہت نیکی کی ضرورت ہے، تو وہ کبھی بھی پاک رسُومات سے غافل نہ رہتا، جس سے وہ برائی کے خلاف مدد پاتا اور وہ بہت بھلائی سے سرفراز ہوتا۔ نہ ہی یہ ضروری ہے کہ اُسے کسی بھی قانون کے تحت پاک رسُوم کے لیے مجبُور کیا جائے وہ بذات خُود اپنی مرضی سے تیز رفتاری سے بھاگتا ہوا آئے اور خُود اپنے آپ مجبُور ہو کر تقاضا کرے کہ آپ اُسکو ضرور پاک عشاء دیں۔ غرض، اِس سے متعلق ایسا کوئی قانون نہ بناؤ جیسا پوپ نے کیا۔ واضح طور پر پاک رسُومات سے جُڑے فوائد اور نُقصانات، ضرورت اور حاجت، خطرات اور برکات قائم کرنا اور لوگ خُود بخُود بغیر تمہارے اصرار کے چلے آئیں گے۔ مگر، اگر وہ نہیں آتے، تو اُنہیں جانے دو اور بتا دو کہ وہ اِبلیس کے ہیں اور وہ نہ لحاظ، نہ محسوس کرتے ہیں کہ اُنہیں کتنی شدید اِسکی ضرورت ہے اور خُدا کے فضل کی مدد درکار ہے۔ مگر اگر تم اس کا اصرار نہیں کرتے، یا قانون نہیں بناتے یا پابند نہیں کرتے تو یہ آپکی غلطی ہے کہ وہ پاک کو عشاء حقیر جانتے ہیں۔ اگر آپ ہی خاموش اور خواب آلودہ ہیں تو وہ ضرور کاہل اور سُست کے علاوہ کیا ہونگے؟ اِس لیے تم، پاسبانوں اور مُبشّرین غور کرو۔ ہمارا عُہدہ اب جو پوپ کی نگرانی کے دوران تھا، سے مختلف ہے، اور اب یہ سنجیدہ اور سلامتی بخش ذمہ داری ہے۔ پس اِس میں بہت مُشکلات اور محنت، خطرات اور آزمائش شامل ہیں، اور علاوہ ازیں، دُنیا میں اِسکا اَجر اور شکر گزاری بہت کم ہے۔ مگر مسیح خُود ہمارا اِنعام ہو گا اگر ہم ایمانداری سے جانفشانی کریں۔ اب آخر میں، ہمارے باپ آسمانی باپ کا تمام فضل ہماری مدد فرمائے، جس کا شُکر اور تعریف خُداوند یسوع مسیح کے ذریعے ہمیشہ تک ہوتی رہی ہے۔ آمین

I

دس احکام

گھر کا سربراہ اپنے خاندان کو کیسے آسان طریقے سے یہ سِکھا سکتا ہے۔

پہلا حکم

میرے حُضور تو غیر معبُودوں کو نہ ماننا، تو اپنے لیے کوئی تراشی
ہوئی مُورت نہ بنانا۔ نہ کسی چیز کی صُورت بنانا جو اُوپر آسمان
میں یا نیچے زمین پر ہو یا زمین کے نیچے پانی میں ہے۔ تُو
اُنکے آگے سجدہ نہ کرنا نہ اُنکی عبادت کرنا۔

اِس کا کیا مطلب ہے؟
ہمیں خُدا کے خوف، پیار اور بھروسہ کو سب سے زیادہ اہمیت دینا چاہیے۔

دوسرا حکم

تُو خُداوند اپنے خُدا کا نام بے فائدہ نہ لینا۔

اِس کا کیا مطلب ہے؟
ہمیں خُدا کے خوف میں اس سے پیار کرنا چاہیے تاکہ ہم اُسکے نام پر لَعنت، قَسم،
جادو، جھوٹ یا دھوکا نہ دیں، بلکہ ہر ضرورت کے وقت اُسے پکاریں، دُعا کریں،
حمد کریں اور شکر ادا کریں۔

تیسرا حکم

تُو سَبت کا دن پاک ماننا۔

اِس کا کیا مطلب ہے؟
ہمیں خُدا کے خوف میں اُس سے محبت رکھنی چاہیے تاکہ ہم خدا کے کلام کو پھیلانے سے حقارت نہ کریں، بلکہ اُس کو مُقدس مان کر خُوشی سے کلام کو سُنیں اور سمجھیں۔

چوتھا حکم

تُو اپنے باپ اور اپنی ماں کی عزت کرنا، تاکہ تمہارے ساتھ سب اچھا ہو اور دُنیا میں تمہاری عمر لمبی ہو۔

اِس کا کیا مطلب ہے؟
ہمیں خُدا کے خوف میں اُس سے محبت کرنی چاہیے، تاکہ ہم اپنے والدین کو حقیر نہ جانیں اور اُنہیں ناراض نہ کریں۔ بلکہ اُنکے ساتھ عِزت سے پیش آئیں، اُنکا احترام کریں اور پیار سے اُنکی فرمانبرداری کریں۔

پانچواں حکم

تُو خُون نہ کرنا۔

اِس کا کیا مطلب ہے؟
ہمیں خُدا کے خوف میں اُس سے پیار کرنا چاہیے۔ تاکہ ہم اپنے پڑوسی کو نُقصان یا جسمانی تکلیف نہ پُہنچائیں بلکہ اُسکی ساری جِسمانی ضرورتوں اور زندگی کی آزمائشوں میں دوست بن کر اُسکی مدد کریں۔

چھٹا حکم
تُو زِنا نہ کرنا۔

اِس کا کیا مطلب ہے؟
ہمیں خُدا کے خوف میں اُس سے مُحبت رکھنی چاہیے، تاکہ ہم اپنی گُفتار اور کردار میں ایک پاکیزہ اور مہذب زندگی گزاریں اور اپنے شریکِ حیات کو پیار اور عزت دے سکیں۔

ساتواں حکم
تُو چوری نہ کرنا۔

اِس کا کیا مطلب ہے؟
ہمیں خُدا کے خوف میں اُس سے محبت کرنی چاہیے تاکہ ہمیں اپنے پڑوسی کا پیسہ، مال یا دولت کسی دھوکے یا فریبی سودے سے نہیں لینا چاہیے بلکہ اُسکی مدد کرنی چاہیے تاکہ اُسکا کاروبار بہتر ہو اور اُسکے مال و اسباب میں اضافہ ہو۔ اِس کے عِلاوہ اپنی پوری کوشش کرو کہ اُسکی دولت محفُوظ رہے اور اُسکے حالات اور بہتر ہوں۔

آٹھواں حکم
تُو اپنے پڑوسی کے خلاف جھوٹی گواہی نہ دینا۔

اِس کا کیا مطلب ہے؟
ہمیں خُدا کے خوف میں اُس سے محبت رکھنی چاہیے اور اپنے پڑوسی کے خلاف کوئی جُھوٹ یا اپنی طرف سے کوئی جُھوٹی بات نہیں کرنی چاہیے، نہ اُسکی ذات پر کوئی اِلزام لگانا چاہیے، نہ ہی بدنام کر کے دھوکا دینا چاہیے۔ بلکہ اُسکا اچھا چاہو، سوچو اور اُس کا دِفاع کرو۔ اُسکو سمجھ کر اُسکے اچھے ترجمان بَنو۔

نَواں حکم

تُو اپنے پڑوسی کے گھر کا لالچ نہ کرنا۔

اِس کا کیا مطلب ہے؟
ہمیں خُدا کے خوف میں اُس سے محبت رکھنی چاہیے۔ تاکہ ہم چالاکی یا ہوشیاری سے اپنے پڑوسی، اپنے پڑوسی کی وراثت یا گھر کا قبضہ نہ کریں۔ نہ ہی کسی شرعی یا قانونی کارروائی کے بہانے بلکہ اُسکی خُوشحالی کو قائم رکھنے میں اُسکی مدد کریں۔

دَسواں حکم

تُو اپنے پڑوسی کی بیوی کا لالچ نہ کرنا، نہ اُسکے غلام، نہ اُسکی لَونڈی، نہ اُسکے بیل نہ اُسکے گدھے کا اور نہ اُسکی کسی چِیز کا جو اُسکی ہے۔

اِس کا کیا مطلب ہے؟
ہمیں خُدا کے خوف میں اُس سے محبت رکھنی چاہیے تاکہ ہم اپنے پڑوسی کو نہ ورغلا کر، نہ اَغواء کر کے اور نہ فروخت کر کے دَھوکے سے اُسکی بیوی، غلام اور مویشی سے الگ کریں بلکہ اُن کو اپنے مالک کے ساتھ رہنے کی ترغیب دیں تاکہ وہ اپنا فرض اَحسن طریقے سے پورا کریں۔

ان تمام اَحکامات کے خُلاصے کی بابت خُدا کیا فرماتا ہے؟

جواب: خرُوج 20 باب کی 6-5آیات میں وہ فرماتا ہے
تُو اُنکے آگے سجدہ نہ کرنا، اور نہ اُنکی عِبادت کرنا کیونکہ میں خُداوند تیرا خُدا غیُور خُدا ہوں اور جو مُجھ سے عداوت رکھتے ہیں، اُنکی اولاد کو تیسری اور چوتھی پُشت تک باپ دادا کی بدکاری کی سزا دیتا ہوں۔ اور ہزاروں پر جو مُجھ سے محبت رکھتے اور میرے حکموں کو مانتے ہیں رحم کرتا ہوں۔

اِس کا کیا مطلب ہے؟
جواب: جو کوئی اِن احکام کی خلاف ورزی یا حکم عدولی کرتا ہے خُدا اُسکو سزا دینے کی دھمکی دیتا ہے۔ اِس لیے ہمیں خُدا کے قہر سے خوفزدہ ہونا چاہیے اور ان احکامات کی خلاف وَرزی نہیں کرنی چاہیے۔ مگر جو اِن حکموں پر عمل کرتے ہیں، اُن پر وہ اپنا فضل اور برکات بخشنے کا وعدہ کرتا ہے۔ اِس لیے ہمیں اُس پر بھروسہ اور محبت کرنی چاہیے اور اپنی تمام زندگی، جوش اور سرگرمی سے اُس کے احکام مان کر بسر کرنی چاہیے۔

II

عقیدہ

گھر کا سربراہ اپنے خاندان کو کیسے آسان طریقے سے یہ سِکھا سکتا ہے۔

پہلا مضمون: تخلیق

میں ایمان رکھتا/رکھتی ہوں خُدا قادرِ مطلق باپ پر، جو آسمان اور زمین کا خالق ہے۔

اِس کا کیا مطلب ہے؟
جواب: میں ایمان رکھتا/رکھتی ہوں کہ خُدا نے مُجھے اور ساری مخلوقات کو بنایا، اور یہ کہ اُس نے مُجھے، میرے جسم اور روح، آنکھیں، کان اور میرے اعضاء، میرا نُقط اور میرے سارے حواس کو قائم رکھا۔ اُن کے علاوہ اُس نے مُجھے خوراک و پوشاک، گھر اور گھر بار، بیوی/خاوند اور اولاد، جاگیر اور مویشی اور مال و متاع بہت بُہتات سے روزانہ عطا کی ہیں، جو مُجھے اپنے جسم اور زندگی کے لیے درکار ہیں۔ وہ مُجھے ہر طرح کے خطرات سے محفوظ رکھتا ہے اور میری جان کو اپنے خاص پدرانہ شفقت اور رحم سے برائی سے بچاتا ہے، وہ یہ سب بغیر میری کسی قابلیت کے میرے لیے عطا کرتا ہے۔ مُجھ پر یہ لازم ہے کہ میں اُسکا شکر ادا کروں، بُلند آواز سے اُسکی حمد و تمجید کروں، اُسکی خدمت کروں اور اُسکا حکم بجا لاؤں۔ یہ سب یقیناً سچ ہے۔

دوسرا مضمون: رہائی/چھٹکارہ

اور اُسکے اِکلوتے بیٹے ہمارے خُداوند یسوع مسیح پر، جو روح القدس کی قُدرت سے پیٹ میں پڑا، کنواری مریم سے پیدا ہوا، پنطس پیلاطُس کے عہد میں دُکھ اُٹھایا، مصلوب ہوا، مر گیا اور دَفن ہوا، عالم ارواح میں اُتر گیا، تیسرے دِن مُردوں میں سے جی اُٹھا اور آسمان پر چڑھ گیا اور خُدا قادرِ مطلق باپ کی داہنی طرف بیٹھا ہے، جہاں سے وہ زندوں اور مُردوں کی عدالت کے لیے آنے والا ہے۔

اِس کا کیا مطلب ہے؟

جواب: میں ایمان رکھتا/رکھتی ہوں کہ یسوع مسیح حقیقی خُدا جو ازلی باپ سے پیدا ہوا اور حقیقی انسان جو کنواری مریم سے پیدا ہوا، میرا خُداوند ہے، جس نے مجھے، جو ایک گمراہ اور قابل مذمت مخلوق ہوں، میرے تمام گناہوں، موت اور شیطان کے چُنگل سے چھڑایا اور بچایا۔ نہ کسی سونے یا چاندی سے بلکہ اپنے پاک اور قیمتی خُون سے، اپنی تکلیف دہ اور بے گناہ موت سے، تاکہ میں صرف اُسکا/اُسکی ہوں اور اُسکی سلطنت میں خدمت کرتے ہوئے میں ہمیشہ ایک راستباز، نیک، مبارک اور بے گناہ زندگی گزاروں۔ جیسے وہ مُردوں میں سے جی اُٹھا، زندہ ہوا اور ہمیشہ کیلئے بادشاہی کریگا۔ یہ سب یقیناً سچ ہے۔

تیسرا مضمون: تقدیس

میں ایمان رکھتا/رکھتی ہوں روح القُدس پر، پاک کُل کلیسیا پر، مُقدسوں کی شراکت، گناہوں کی معافی، جسم کے جی اُٹھنے اور ہمیشہ کی زندگی پر۔ آمین

اِس کا کیا مطلب ہے؟

جواب: میں ایمان رکھتا/رکھتی ہوں کہ میں نہ اپنی کسی وجہ سے، نہ طاقت سے نہ کسی ذریعے سے خُداوند یسوع مسیح پر ایمان لا سکتا/سکتی ہوں۔ بلکہ یہ کہ روح القُدس نے اِنجیل کے ذریعے مُجھے اپنے تحائف سے روشناس کروایا، میری

تقدیس کی اور مُجھے حقیقی ایمان میں قائم رکھا ہے۔ اِسی طرح وہ کلیسیائے عالم کو بُلاتا، اکٹھا کرتا اور سِکھاتا ہے اور اُسکی تقدیس کرتا ہے اور اُسکو خُداوند یسوع مسیح میں ایک حقیقی ایمان میں قائم رکھتا ہے۔ وہ اِس پاک کلیسیا میں مُجھ کو اور سب ایمانداروں کو اپنے بڑے رحم سے روزانہ معاف کرتا ہے۔ اور روزِ آخرت وہ ہم سب کو موت میں سے زندہ کرے گا اور مُجھے اور وہ سب جو مسیح پر ایمان رکھتے ہیں ہمیشہ کی زندگی عطا کریگا۔ یہ سب یقیناً سچ ہے۔

III

دُعائے رَبانی

گھر کا سربراہ اپنے خاندان کو کیسے آسان طریقے سے سِکھا سکتا ہے۔ اے ہمارے باپ تُو جو آسمان پر ہے۔

اِس کا کیا مطلب ہے؟
جواب: خُدا ہمیں بڑے پیار سے اِس چھوٹے سے تعارف کی دعوت دیتا ہے کہ اُس کا یقین کرو کہ وہی سچا باپ ہے اور ہم اُسکے سچے بیٹے اور بیٹیاں ہیں تاکہ ہم اُسکو بڑے اعتقاد کے ساتھ پُکار سکیں جسطرح ہم پیارے بچوں کو اپنے والدین سے یقین سے مانگتے ہوئے دیکھتے ہیں۔

پہلی درخواست

تیرا نام پاک مانا جائے۔

اِس کا کیا مطلب ہے؟
جواب: خُدا کا نام یقیناً اُس میں مُقدس ہے لیکن اس درخواست میں ہم اپنے درمیان بھی اُسکے نام کو مُقدس ٹھہراتے ہیں۔
یہ کس طرح ہو سکتا ہے؟
جواب: جب خُدا کا نام پاکیزگی اور مخلصانہ طریقے سے سِکھایا جاتا ہے تو ہم بھی اپنی زندگی اُس کے مطابق گزارتے ہیں جیسے خُدا کے بیٹے اور بیٹیوں کو گزارنی

چاہیے۔ ہمارا پیارا آسمانی باپ یہ کرنے میں ہماری مدد کرتا ہے۔ بلکہ جو بھی کلام خُدا کے برعکس تعلیم دیتا یا اُسکے مطابق زندگی نہیں گزارتا وہ خُدا کے نام کی توہین کرتا ہے۔ مگر ایسا نہیں ہونا چاہیے بلکہ اِس کو روکنا چاہیے۔

دوسری درخواست

تیری بادشاہی آئے۔

اِس کا کیا مطلب ہے؟

جواب: خُدا کی بادشاہی ہماری دُعاؤں کے بغیر پہلے ہی سے ہے۔ مگر اِس دُعا میں اُس کی بادشاہی ہمارے درمیان بھی ہونے کی درخواست کرتے ہیں۔

یہ کِس طرح ہو سکتی ہے؟

جواب: جب ہمارا آسمانی باپ ہمیں روح القُدس عطا کرتا ہے تو ہمیں اُسکے پاک کلام پر ایمان لانے کا فضل عطا ہوتا ہے۔ اور نہ صرف ابھی بلکہ آنے والی ہمیشہ کی زندگی میں بھی دِیندار زندگی گزاریں۔

تیری درخواست

تیری مرضی جیسے آسمان پر پُوری ہوتی ہے زمین پر بھی ہو۔

اِس کا کیا مطلب ہے؟

جواب: اچھے اور مہربان خُدا کی مرضی ہماری دُعا کے بغیر بھی پُوری ہوتی ہے، مگر جب ہم دُعا میں اِس کی درخواست کرتے ہیں تو اُسکی مرضی ہمارے درمیان بھی پُوری ہوتی ہے۔

یہ کِس طرح ہو سکتی ہے؟

ہمارا خُدا ہر اُس شریر منصوبے، ارادے اور کوشش جو شیطان کی مرضی سے ہے یا دُنیاوی یا ہمارے جسم سے ہے روکتا اور ناکام کرتا ہے۔ شیطان ہمیں خُدا کی مرضی پُوری ہونے سے باز رکھنے کی کوشش کرتا ہے، تاکہ خُدا کا نام پاک نہ مانا جائے یا اُسکی بادشاہی ہم تک نہ پُہنچے۔ اور جب وہ اپنے پاک کلام سے ہمیں ایمان میں ثابت قدم اور مضبوط، زندگی کے اختتام تک قائم رکھتا ہے تو یہ اُسکی اچھی اور پُرفضل مرضی ہے۔

چوتھی درخواست

ہمیں روز کی روٹی دے۔

اِس کا کیا مطلب ہے؟

خُدا یقیناً ہم سب کو دُعا کے بغیر بھی روزانہ کی روٹی دیتا ہے، شریر آدمی کو بھی۔ لیکن ہم اس درخواست میں دُعا کرتے ہیں کہ خُدا ہمیں اس برکت کو پہچاننے کا فضل عطا کرے تاکہ ہم روزانہ کی روٹی شکر گزاری کے ساتھ حاصل کریں۔

روزانہ کی روٹی سے کیا مُراد ہے؟

جواب: روزانہ کی روٹی سے مُراد ہر وہ چیز جو ہماری ضرورت کے موافق ہے اور زندگی کی بقاء کے لئے ضروری ہے، جیسے خوراک و پوشاک، گھر اور گھریلو اشیاء، کھیت، مویشی، پیسہ، دولت، نیک جیون ساتھی، نیک اولاد، ایماندار نوکر، ایماندار اور وفادار حُکامِ بالا، مستحکم حکومت، اچھا موسم، سکون، صحت، نظم و ضبط، عزت، نیک دوست، وفادار پڑوسی اور اِسی طرح کی باقی چیزیں۔

پانچویں درخواست

اور ہمارے قُصوروں کو مُعاف کر، کہ ہم بھی اپنے قُصورواروں کو معاف کرتے ہیں۔

اِس کا کیا مطلب ہے؟

جواب: ہم خُدا سے یہ درخواست کرتے ہیں کہ وہ ہمارے گناہوں کی جانچ پڑتال نہ کرے اور ہماری دُعا کو اُن کی وجہ سے مُسترد نہ کرے۔ کیونکہ ہم نہ اُن چیزوں کو جو ہم مانگتے ہیں حقدار ہیں نہ ہی ہم اُن کو کما سکتے ہیں۔ ہم پھر بھی اُن کو مانگتے ہیں کیوں کہ وہ اپنی پاک مرضی سے وہ سب اپنے نہایت ہی فضل اور رحم سے ہمیں عطا کرتا ہے۔ ہر روز ہم بے شمار گناہ کرتے ہیں اور بے شک ہم کسی چیز کے مستحق نہیں بلکہ صرف سزا کے لائق ہیں۔ اس کے بدلے ہمیں چاہیے کہ ہم اپنے دل سے اُن سب کو معاف کریں جو ہمارے گناہگار ہیں اور خُوشی سے بدی کے بدلے نیکی کریں۔

چھٹی درخواست

اور ہمیں آزمائش میں نہ ڈال۔

اِس کا کیا مطلب ہے؟
جواب: یقیناً خُدا کسی کو نہیں آزماتا۔ اِس درخواست میں ہم یہ دُعا کرتے ہیں کہ وہ ہمارا محافظ ہو اور ہمیں شیطان، دُنیا اور ہمارا جسم ہمیں دھوکے سے ہمارے سچے ایمان سے بہکا نہ سکے۔ اور ہمیں توہم پرستی، کُفر، مایوسی اور دوسرے بڑے جرائم اور بُرائیوں سے خاص کر جب ہم کسی مصیبت یا آزمائش میں مبتلا ہوں، ہم کو شکست نہ دے سکیں۔ بلکہ ہم آخر میں اِن سب پر قابُو پا کر فتح حاصل کر سکیں۔

ساتویں درخواست

بلکہ برائی سے بچا۔

اِس کا کیا مطلب ہے؟
جواب: ہم اس درخواست کے خلاصے میں یہ دُعا کرتے ہیں کہ ہمارا آسمانی باپ ہمیں تمام بدی، جسم اور روح، نیکی اور عزت کے خلاف خطرات سے چُھڑائے گا۔ اور آخر میں جب ہماری موت کا وقت آئیگا تو ہمیں زندگی کا مبارک خاتمہ عطا کریگا اور اپنے نیک فضل سے ہم کو اُس غمناک وادی سے اپنے پاس آسمان پر لے جائیگا۔

آٹھویں درخواست

کیونکہ بادشاہی اور قدرت اور جلال ابد تک تیرا ہی ہے۔ آمین

اَس کا کیا مطلب ہے؟
جواب: 'آمین' کا مطلب ہے کہ مُجھے یقین ہے کہ میری ساری درخواستیں آسمانی باپ کے حضُور سُنی اور قبول کی جارہی ہیں۔ اور اُس نے خُود یہ حکم جاری کِیا ہے کہ اِس طرح دُعا مانگو اور اُنکو سننے کا وعدہ کیا ہے۔ آمین ثم آمین، بے شک حقیقت میں، ایسا ہی ہو۔

IV

پاک بپتسمہ کا ساکرامنٹ

خاندان کے سربراہ کو چاہیے کہ وہ اپنے گھر والوں کو سادہ طریقے سے اِسکی تعلیم دے۔

پہلا

بپتسمہ سے کیا مُراد ہے؟
جواب: بپتسمہ محض سادہ پانی نہیں بلکہ یہ وہ پانی ہے جو کہ حکم میں سمجھ کر خُدا کے کلام سے مُنسلک ہے۔
خُدا کا وہ کلام کیا ہے؟
جواب: ہمارے خُداوند یسوع مسیح متی 28 باب اور 19 آیت میں فرماتے ہیں۔"پس تم جا کر سب قوموں کو شاگرد بناؤ اور اُنکو باپ اور بیٹے اور روح القُدس کے نام سے بپتسمہ دو۔"

دوسرا

بپتسمہ سے کیا حاصل ہوتا ہے یا کیا فائدہ ہوتا ہے؟
یہ ہمارے گناہوں سے بخشش کا کام کرتا ہے، موت اور شیطان سے بچاتا ہے اور اُن سب پر جو اُس پر ایمان رکھتے ہیں، ابدی نجات بخشتا ہے۔ جیسا کہ خُدا اپنے کلام اور وعدوں کا بیان کرتا ہے۔

خُدا کے وہ کون سے کلام اور وعدے ہیں؟
جواب: ہمارا خُداوند یسوع مسیح مرقس 16 باب کی 16 آیت میں فرماتا ہے، ”جو ایمان لائے اور بپتسمہ لے وہ نجات پائے گا اور جو ایمان نہ لائے وہ مُجرم ٹھہرایا جائیگا۔“

تیسرا

پانی اتنے بڑے کام کیسے کر سکتا ہے؟
جواب: صرف پانی یقیناً اتنے بڑے کام نہیں کر سکتا، مگر خُدا کا کلام جو پانی کے اندر ہے اور ساتھ ہے، ایمان اور جو یقین اس خُدا کے کلام میں ہے یہ ممکن کرتا ہے۔

کیونکہ خُدا کے کلام کے بغیر یہ پانی سادہ پانی ہے اور بپتسمہ نہیں۔ مگر یہ بپتسمہ خُدا کے کلام کے ساتھ یہ پانی پُرفضل زندگی کا پانی، اور روح القُدس میں تخلیقِ نو کی دُھلائی کا سبب بن جاتا ہے۔ جیسے پولوس رسول طِطس 3 باب 4-7 آیات میں فرماتا ہے ”مگر جب ہمارے مُنجی خُدا کی مہربانی اور انسان کے ساتھ اُسکی اُلفت ظاہر ہوئی، تو اُس نے ہم کو نجات دی مگر راستبازی کے کاموں کے سبب سے نہیں جو ہم نے خُود کئے بلکہ اپنی رحمت کے مطابق نئی پیدائش کے غُسل اور روح القُدس کے ہمیں نیا بنانے کے وسیلہ سے، جسے اُس نے ہمارے مُنجی یسوع مسیح کی معرفت ہم پر افراط سے نازِل کِیا، تاکہ ہم اُسکے فضل سے راستباز ٹھہر کر ہمیشہ کی زندگی کی اُمید کے مطابق وارِث بنیں۔“

چوتھا

پانی سے بپتسمہ سے کیا مُراد ہے؟
جواب: اِس سے مُراد ہے کہ روزانہ کی سچی توبہ سے اُس پرانے آدم کو جو ہمارے اندر ہے اُسکے سارے گناہوں اور شیطانی خواہشات کے ساتھ مار کر

غرق کریں اور پھر نیا آدم روز بروز نئے سرے سے زندہ ہو تاکہ خُدا کے حضُور راستبازی اور دائمی پاکیزگی کے ساتھ قائم رہے۔

یہ کہاں لکھا ہے؟

جواب: پولُوس رسول رومیوں 6 باب 4 آیت میں فرماتے ہیں۔"پس موت میں شامل ہونے کے بپتسمہ کے وسیلے سے ہم اُسکے ساتھ دفن ہوئے تاکہ جِس طرح مسیح باپ کے جلال کے وسیلہ سے مُردوں میں سے جِلایا گیا اُسی طرح ہم بھی نئ زندگی میں چلیں۔"

V

اقرارِ

عام لوگوں کو یہ تعلیم کیسے دی جائے۔

اِقرار کیا ہے؟
جواب: اِقرار کے دو حصے ہیں۔ پہلا گناہوں کا اِقرار اور دوسرا اپنے پاسبان سے بغیر کسی شک کہ جیسے خُدا سے معافی اور معرفت پاتے ہیں۔ اور اِس بات کا پُختہ یقین کریں کہ ہمارے گناہ آسمانی خُدا نے ہمارے اِقرار کی وجہ سے معاف فرمائے ہیں۔

ہمیں کون سے گناہوں کا اِقرار کرنا چاہیے؟
جواب: نا صِرف ہمیں خُدا کے سامنے اپنے تمام گناہوں کا اِقرار کرنا چاہیے، وہ گناہ بھی جِن سے ہم آگاہ نہیں ہیں، جسطرح ہم دُعائے رَبانی میں کرتے ہیں۔ لیکن پاسبان کے سامنے ہمیں اُن گناہوں کا اِقرار کرنا چاہیے جس سے ہم واقف ہیں یا اپنے دِل میں محسوس کرتے ہیں۔

وہ کون سے گناہ ہیں؟
یہاں، ہر شخص کو اپنی زندگی کی مختلف حیثیت اور دس احکام کے مطابق غور کرنا چاہیے۔ کہیں آپ ایک باپ/ماں، بیٹا/بیٹی، مالک/مالکن یا نوکر کی حیثیت سے کبھی نافرمان، بے وفا یا کاہل تو نہیں رہے، یا آپ نے کبھی کسی کو اپنے کام یا کلام سے دُکھ پہنچایا ہو، کبھی کوئی چوری کی ہو، غافل رہے ہوں، کچھ ضائع کیا ہو یا کسی کو نُقصان پہنچایا ہو۔

اقرار کی مُختصر شکل
عام لوگوں کیلئے

آپ پاسبان کے سامنے اس طرح بولیے۔ قابل احترام پادری صاحِب میں آپ سے گزارِش کرتا/کرتی ہوں کہ آپ میرا اقرار سُنیں اور خُدا کے واسطے اُسکی معافی کا اعلان کریں۔

جاری رکھیئے

میں ایک ناچیز گنہگار خُدا کے سامنے اقرار کرتا/کرتی ہوں کہ میں تمام گناہوں کا/کی مُجرم ہوں، خاص کر میں اِقرار کرتا/کرتی ہوں کہ میں ایک نوکر/نوکرانی ہوں مگر میں نے وفاداری سے اپنے مالک کی خدمت نہیں کی اور جو میرے مالک/مالکن نے حکم کیا تھا میں نے وہ نہ کِیا اور نہ کرنا تھا۔ بلکہ میں نے اپنی حرکت سے اُسے اُکسایا کہ وہ مُجھے بُرا بھلا کہے۔ میں نے بہت سی باتوں میں غفلت برتی اور نظر انداز کر کے اُسے نقصان پہنچایا۔ میں اپنے قول و فعل پر شرمندہ نہ ہوا/ہوئی، بے صبری برتی اور اپنے ساتھیوں سے جھگڑا کیا۔ گھر کی مالکن پر بُڑبڑایا/بُڑبڑائی اور اُسے کوسا۔ اِن تمام باتوں کا مُجھے افسوس ہے اور میں شرمندہ ہوں اور تیرے فضل کی بھیک مانگتا/مانگتی ہوں۔ میں اِس سے بہتر کرنا چاہتا/چاہتی ہوں۔

ایک گھر کا مالک یا مالکن اِس طرح کہہ سکتا/سکتی ہے
میں آپکے حضُور خاص طور پر یہ اِقرار کرتا/کرتی ہوں کہ میں اپنے خاندان کو، اپنی/اپنے شریکِ حیات، اولاد اور نوکروں کو خُدا کے جلال کے لیے دیانتداری سے تعلیم و تربیت دینے میں مستعد نہیں تھا/تھی۔ میں نے لعنت ملامت کی اور خُدا کے نام کا غلط استعمال کِیا۔ میں نے بُرے الفاظ اور اعمال سے بُری مثال قائم کی۔ میں نے اپنے پڑوسی کو نُقصان پہنچایا اور اُسے دُکھ دیا۔ غلط وزن اور پیمائش استعمال کر کے دھوکے سے سامان بیچا۔ اِسی طرح ہر شخص اپنے پیشے کے حساب سے ، جو کچھ بھی اُس نے خُدا کے احکام کے خلاف کیا، اُسکا اعتراف کرے۔

لیکن اگر کسی کو یہ محسُوس ہو کہ اُس پر اِس قِسم کے گناہوں کا بوجھ نہیں ہے تو اُسے چاہیے کہ اِس کی فِکر نہ کرے اور نہ ہی پریشان ہو کر دوسرے گناہوں کو تلاش کرے یا ایجاد کرے۔ اِس طرح وہ اِس اعتراف کو اذیت بنا لے گا/گی۔ اُسے چاہیے کہ وہ ایک یا دو گناہوں کا ذکر کرے جس کے بارے میں اُسے عِلم ہو۔ جیسے کہ: میں خاص طور پر اقرار کرتا/کرتی ہوں کہ میں نے خُدا کا نام بے فائدہ لیا اور غلط الفاظ استعمال کئے، میں نے اِس کو یا اُس کو نظر انداز کیا وغیرہ۔ یہ کافی ہے اور اِس طرح اپنی روح کو سُکون سے رہنے دو۔

لیکن اگر آپ کو کسی بھی ایسی چیز یا بات کا علم نہیں (جو کہ عملی طور پر نا ممکن ہونا چاہیے) تو آپ بھی خاص طور پر کچھ ایسا ذکر نہ کریں، بلکہ خُدا کی حضوری میں اپنے پاسبان کے سامنے اقرار کر کے معافی حاصل کریں۔

پھر پاسبان کو یوں کہنا چاہیے
خُدا آپ پر رحم فرمائے اور تمہارے ایمان کو مضبوط کرے۔ آمین

پاسبان اقرار دَہندے کو مزید کہے
کیا تم ایمان رکھتے ہو کہ میری معافی خُدا کی معافی ہے؟

جواب: جی ہاں، پادری صاحب۔
پاسبان پھر معافی کا یقین قبول کرنے والے ایماندار سے کہے

آپ کے ساتھ ایسا ہی ہو جیسا کہ آپ یقین رکھتے ہو۔ اور اب ہمارے خُداوند یسوع مسیح کے حکم کے وسیلے سے خُدا باپ، بیٹے اور پاک روح کے نام میں، آپ کو آپکے سب گناہوں کو مُعاف کرتا ہوں۔ آمین

سلامتی سے جائیں۔
وہ لوگ جو اپنے ضمیر کی وجہ سے بہت زیادہ پریشان، یا آزمائشوں اور مایوسی کے شکار ہیں۔ پاسبان کو معلوم ہے کہ اُنہیں صحیفوں کے اقتباسات سے تسلی دی

چاہئے، جو اُنکے ایمان کی مضبوطی میں اضافہ کرے گی۔ اعتراف کی یہ شکل/ قِسم جو ہم نے ابھی رکھی ہے وہ محض بچکانہ ہے۔ اور یہ عام شکل سادہ اور غیر تعلیم یافتہ لوگوں کے لیے ہے۔

VI

مزبح / قربان گاه کی ساکرامنٹ

گھر کے سربراہ کو اپنے خاندان کو آسان طریقے سے یوں سکھانا چاہیے

قربان گاہ کی متبرک رسم کیا ہے؟

جواب: قربان گاہ کی متبرک رسم در حقیقت مسیح یسوع کا بدن اور خُون ہے، جو اُس نے ہم مسیحیوں کو کھانے اور پینے کیلئے، مسیح نے خُود قائم کیا ہے۔

یہ کہاں لکھا ہے؟

جواب: مُقدس مُبشرین [متی، 26 باب 26 آیت، مرقس 14 باب 22 آیت، لُوقا 22 باب 19 آیت] اور پولُوس رسول (1 کرنتھیوں 11 باب 23 آیت) میں یوں تحریر کرتے ہیں:

ہمارے خُداوند یسوع مسیح، جس رات وہ پکڑوایا گیا، روٹی لی اور برکت دے کر توڑی اور شاگردوں کو دے کر کہا ''لو، کھاؤ، یہ میرا بدن ہے، جو تمہارے واسطے دیا جاتا ہے۔ میری یاد گاری کیلئے یہی کرو۔''

اور اِسی طرح کھانے کے بعد پیالہ لیکر شکر کیا، اور اُن کو دیکر کہا، ''تم سب اس میں سے پیو، کیونکہ میرے اِس خُون میں نیا عہد ہے تمہارے واسطے بہایا جاتا ہے۔ اور جب بھی کبھی پیو میری یاد گاری کیلئے یہی کرو۔''

مگر اِس کے کھانے اور پینے کا کیا فائدہ ہے؟
جواب: یہ اِن الفاظ سے ظاہر ہوتا ہے
"تمہارے گناہوں کی معافی کے واسطے بہایا گیا۔"
یعنی، ہمیں گناہوں کی معافی، زندگی اور نجات اِنہی الفاظ کے ذریعے مِلتی ہے۔
کیونکہ جہاں گناہ کی معافی ہے، وہاں پر نجات اور زندگی ہے۔

ایسے عظیم کام، جسمانی طور پر محض کھانے اور پینے سے کیسے ہو سکتے ہیں؟
جواب: یقیناً محض سے ہی ایسے کام نہیں ہو سکتے ، بلکہ اُن الفاظ سے جو یہاں لکھے ہیں۔ "تمہارے گناہوں کی معافی کے واسطے بہایا گیا"۔"یہ الفاظ، جسمانی کھانے اور پینے کے ساتھ اِس رسم میں اِس کا مرکز اور خُلاصہ ہے۔ جو اِن الفاظ، گناہوں کی معافی پر ایمان لاتا ہے، وہ وہی کرتا ہے جو وہ کہتے اور ظاہر کرتے ہیں۔"

اِس پاک رسم کو کون باعزت طریقے سے قبول کرتا ہے؟
جواب: روزہ رکھنا اور جسمانی تیاری یقیناً ایک بہترین بیرونی تربیت ہے مگر جو کوئی اِن الفاظ " تمہارے گناہوں کی معافی کے واسطے دیا گیا اور بہایا گیا۔ "پر ایمان رکھتا ہے، حقیقی طور پر لائق اور عمدہ طور پر تیار ہے ۔ لیکن جو کوئی اِن الفاظ پر یقین نہیں رکھتا یا شک کرتا ہے وہ نہ تو اِس کا اہل ہے نہ اِس کے لئے تیار۔ کیونکہ یہ الفاظ تمہارے واسطے ہر دل سے ایمان لانے کا تقاضا کرتے ہیں۔"

روزانہ کی دُعائیں

خاندان کے سربراہ کو آسان الفاظ میں اپنے گھر بار کو صبح و شام کی دُعا کرنی سِکھانی چاہیے۔

صبح کی دُعا

جب آپ صبح اُٹھتے ہیں، آپ اپنے آپ کو صلیب کا نشان بنا کر برکت دیں اور کہیں

باپ،بیٹا اور روح القُدس کے نام پر۔ آمین

پھر گُھٹنے ٹیک کر یا کھڑے ہو کر، عقیدے اور دُعائے رَبانی کو دہرائیں۔
:اگر آپ چاہیں تو یہ مختصر دُعا بھی شامل کر سکتے ہیں

میرے پیارے آسمانی باپ میں تیرے پیارے بیٹے یسوع مسیح کے وسیلے سے تیرا شُکر کرتا/کرتی ہُوں کہ تُو نے ساری رات مُجھے ہر قِسم کے خطرات اور نُقصانات سے محفُوظ رکھا۔ اور میں دُعا کرتا/کرتی ہوں کہ آج بھی مُجھے تُو گناہ اور بدی سے بچا کر رکھے گا۔ تاکہ میرے سب اعمال اور زندگی سے آپکی خُوشنودی ملے۔ کیونکہ میں اپنے آپ کو، اپنے جسم اور جان اور تمام چیزوں کو تیرے سپُرد کرتا/کرتی ہوں۔ تیرا پاک فرشتہ میرے ساتھ رہے، تاکہ شریر دُشمن کا مُجھ پر کوئی اختیار نہ ہو۔ آمین

پھر شادمانی کے ساتھ، گیت گاتے ہوئے، جیسا کہ دس احکام جو آپ کو عقیدت کے طور سے تجویز کرے، اپنے کام پر جائیں۔

شام کی دُعا

شام کو جب آپ سونے کے لیے اپنے بستر پر جائیں تو آپ اپنے لیے صَلیب کا نشان بنا کر برکت چاہیں اور کہیں

باپ، بیٹے اور روح القُدس کے نام سے۔ آمین

اُسکے بعد گُھٹنے ٹیک کر یا کھڑے رہ کر عقیدہ اور دُعائے رَبانی دُہرائیں۔ اگر آپ چاہیں تو یہ مُختصر دُعا بھی شامل کر سکتے ہیں

> آسمانی باپ میں تیرے پیارے بیٹے، یسوع مسیح کے وسیلے سے تیرا شُکر کرتا/کرتی ہوں کہ تُو نے مجھے اپنے بڑے فضل سے آج کے دن قائم رکھا اور میں دُعا کرتا/کرتی ہوں کہ میرے تمام گناہ اور بُرے کاموں کے لیے مجھے معاف فرما اور آج کی رات بھی مجھے محفُوظ رکھ۔ کیونکہ میں اپنے آپ کو، اپنے جسم و جان اور سب چیزوں کو تیرے حوالے کرتا/کرتی ہوں۔ تیرا پاک فرشتہ میرے ساتھ رہے تاکہ شریر دُشمن کا مُجھ پر کوئی اختیار نہ ہو۔ آمین

پھر فوری طور پر خُوشی کے ساتھ سونے چلے جائیے۔

گھر کے سربراہ کو اپنے گھر والوں کو برکت مانگنے اور شُکر ادا کرنے کی تعلیم کیسے دینی چاہیے۔

برکت مانگنا

بچے، اہل و عیال اور نوکر باادب طریقے سے میز پر اپنے ہاتھ باندھیں اور کہیں

اے خُداوند! سب آنکھیں تُجھ پر لگی ہیں اور ہر بشر کو وقت پر خُوراک عطا فرماتا ہے۔ تُو اپنی مُٹھی کھولتا ہے اور ہر جاندار کی خواہش پوری کرتا ہے۔

نوٹ: مطمئن / خواہش پوری ہونے کا مطلب یہ ہے کہ تمام جانوروں کو جتنا اُنکے لئے ضروری ہے، کھانے کے لئے ملتا ہے۔ اِسی میں اُنکی بھلائی ہے اور خُوشی۔ لالچ اِس خُوشی میں رکاوٹ کا باعث ہے۔

پھر دُعائے رَبانی اور مُندرجہ ذیل دُعا کی جائے

خُداوند خُدا، ہمارے آسمانی باپ، ہم پر تیری برکت ہو اور اُن سب نعمتوں پر بھی جو تُو نے اپنی کمال مہربانی اور نیکی سے ہمارے یسوع مسیح کے وسیلے سے ہمیں عطا کی ہیں، تیری برکت چاہتے ہیں۔ آمین

شُکر ادا کرنا

:اِسی طرح کھانے کے بعد بھی موٗدبانہ طور پر ہاتھ باندھ کر کہیں

خُداوند کا شُکر کرو کیونکہ وہ بھلا ہے۔ اُسکی شفقت ابدی ہے۔ وہ تمام بشر کو خُوراک مُہیا کرتا ہے۔ وہ تمام حیوانات اور کوّے کے بچوں کو جب وہ بھوک سے کائیں کائیں کرتے ہیں خوراک عطا کرتا ہے۔ اُسکی خُوشنودی نہ گھوڑے کے زور میں ہے نہ آدمی کی ٹانگوں سے

اُسے کوئی خوشی ہے۔ خُداوند اُن سے خُوش ہے جو اُس سے ڈرتے
ہیں اور اُن سے جو اُسکی شفقت کے اُمیدوار ہیں۔

پھر دُعائے رَبانی کے بعد مندرجہ ذیل دُعا کریں

پیارے آسمانی باپ ہمارے خُداوند خُدا یسوع مسیح کے وسیلے سے
تیری بخششوں کا شُکر کرتے ہیں، جو زندہ اور ابد تک حکومت کرتا
ہے۔ آمین

فرائض کی فہرست

صحائف کے مُقررہ حصے مُختلف مقدس مَرتبوں، عُہدوں، اُن کے فرائض اور ذمہ داریوں کے متعلق اُن کی رہنمائی کرتے ہیں۔

بشپوں، پاسبانوں اور مُبلغین کیلئے

پس نگہبان کو بے الزام، ایک بیوی کا شوہر، پرہیز گار، مُتقی، شائستہ، مسافر پَرور اور تعلیم دینے کے لائق ہونا چاہیے۔ نشے میں غُل مچانے والا یا مَار پیٹ کرنے والا نہ ہو بلکہ حلیم ہو۔ نہ تکراری نہ زردوست۔ اپنے گھر کا بخُوبی بندوبست کرتا ہو اور اپنے بچوں کو کمالِ سنجیدگی سے تابع رکھتا ہو۔ (جب کوئی اپنے گھر ہی کا بندوبست کرنا نہیں جانتا تو وہ خُدا کی کلیسیا کی خبر گیری کیونکر کریگا؟) نَومُرید نہ ہو تا کہ تکبُر کر کے کہیں اِبلیس کی سی سزا نہ پائے۔ اور باہر والوں کے نزدیک بھی نیک نام ہونا چاہیے تا کہ ملامت میں اور اِبلیس کے پھندے میں نہ پھنسے۔

تیمتھیس 1 باب 3 آیات 2-7

کیونکہ نگہبان کو خُدا کا مُختار ہونے کی وجہ سے بے الزام ہونا چاہیے نہ خُودسر ہو، نہ غُصّہ ور۔ نہ نشے میں غُل مچانے والا۔ نہ مار پیٹ کرنے والا اور نہ ناجائزِ نفع کا لالچی۔ بلکہ مُسافر پرور، خَیردوست، مُتقی، مُنصف مِزاج، پاک اور ضبط کرنے والا ہو۔ اور اِیمان کے کلام پر جو

اِس تعلیم کے موافِق ہے قائم ہو تا کہ صحیح تعلیم کے ساتھ نصیحت بھی کر سکے اور مخالفوں کو قائل بھی کر سکے۔
طِطُس 1 باب 7-9 آیات

سامعین اپنے پاسبانوں کو کیا ادا کریں

اِسی طرح خُداوند نے بھی مُقرّر کیا ہے کہ خُوشخبری سنانے والے خُوشخبری کے وسیلے سے گزارا کریں۔' 1 کرنتھیوں 9 باب 14 آیت
کلام کی تعلیم پانے والا تعلیم دینے والے کو سب اچھی چیزوں میں شریک کرے۔' گلتیوں 6 باب 6 آیت

'جو بزرگ اچھا انتظام کرتے ہیں۔ خاص کر وہ جو کلام سُنانے اور تعلیم دینے میں محنت کرتے ہیں دو چند عِزت کے لائق سمجھے جائیں۔ کیونکہ کتابِ مُقدس یہ کہتی ہے کہ دائیں میں چلتے ہوئے بیل کا مُنہ نہ باندھنا اور مزدُور اپنی مزدُوری کا حقدار ہے۔'
تیمتھیس 5 باب 17-18 آیات 1

'اپنے پیشواؤں کے فرمانبردار اور تابع رہو کیونکہ وہ تمہاری روحوں کے فائدے کے لیے اُنکی طرح جاگتے رہتے ہیں، جنہیں حساب دینا پڑیگا تاکہ وہ خُوشی سے یہ کام کریں نہ کہ رنج سے کیونکہ اِس صورت میں تُمہیں کچھ فائدہ نہیں۔' عبرانیوں 13 باب 17 آیت

حکومت کے لیے

'ہر شخص اعلیٰ حکُومتوں کا تابعدار رہے کیونکہ کوئی حکُومت ایسی نہیں جو خُدا کی طرف سے نہ ہو اور جو حکومتیں موجُود ہیں وہ خُدا کی طرف سے مُقرّر ہیں۔ پس جو کوئی حکُومت کا سامنا کرتا ہے وہ خُدا کے انتظام کا مخالف ہے اور جو مخالف ہے وہ سزا پائیں گے۔ کیونکہ نیکوکار کو حاکموں سے خوف نہیں بلکہ بدکار کو ہے۔

پس اگر تُو حاکم سے نڈر رہنا چاہتا ہے تو نیکی کر۔ اُسکی طرف سے تیری تعریف ہوگی۔ کیونکہ وہ تیری بہتری کے لیے خُدا کا خادم ہے لیکن اگر تُو بدی کرے تو ڈر کیونکہ وہ تلوار بے فائدہ لیے ہوئے نہیں اور خُدا کا خادم ہے کہ اُسکے غضب کے موافق بدکار کو سزا دیتا ہے۔' رومیوں 13 باب 1-4 آیات

حکمرانوں کے لیے شہریوں کے فرائض

'اِس پر اُس نے اُن سے کہا پس جو قیصؔر کا ہے قیصؔر کو اور جو خُدا کا ہے خُدا کو ادا کرو۔' متی 22 باب 21 آیت

'پس تابعدار رہنا نہ صِرف غضب کے ڈر سے ضرور ہے بلکہ دل بھی یہی گواہی دیتا ہے۔ تم اِسی لیے خِراج بھی دیتے ہو کہ وہ خُدا کے خادم ہیں اور اِس خاص کام میں مشغُول رہتے ہیں۔ سب کا حق ادا کرو۔ جِسکو خراج چاہیے خراج دو۔ جِسکو محصول چاہیے محصول۔ جِس سے ڈرنا چاہیے اُس سے ڈرو۔ جِسکی عزت کرنا چاہیے اُسکی عِزت کرو۔' رومیوں 13 باب 5-7 آیات

'پس میں سب سے پہلے یہ نصیحت کرتا ہوں کہ مناجاتیں اور دُعائیں اور التجائیں اور شُکر گزارِیاں سب آدمیوں کے لیے کی جائیں۔ بادشاہوں اور سب بڑے مرتبہ والوں کے واسطے اِس لیے کہ ہم کمال دِینداری اور سنجیدگی سے امن و آرام کے ساتھ زندگی گزاریں۔'
تیمتھیس 2 باب 1-2 آیات 1

'اُنکو یاد دِلا کہ حاکموں اور اِختیّار والوں کے تابع رہیں اور اُنکا حکم مانیں اور ہر نیک کام کے لیے مُستعِد رہیں۔ کِسی کی بدگوئی نہ کریں۔ تکراری نہ ہوں بلکہ نرم مِزاج ہوں اور سب آدمیوں کے ساتھ کمال حلیمی سے پیش آئیں۔'
طِطُس 3 باب 1-2 آیات

'خُداوند کی خاطر اِنسان کے ہر ایک اِنتظام کے تابع رہو۔ بادشاہ کے اِس لیے کہ وہ سب سے بُزرُگ ہے۔ اور حاکموں کے اِس لئے کہ وہ بدکاروں کی سزا اور نیکو کاروں کی تعریف کے لیے بھیجے ہوئے ہیں۔ کیونکہ خُدا کی یہ مرضی ہے کہ تم نیکی کر کے نادان آدمیوں کی جہالت کی باتوں کو بند کر دو۔'
1 پطرس 2 باب 13-15 آیات

شوہروں کے لیے

'اَے شوہرو! تُم بھی بیویوں کے ساتھ عقلمندی سے بسر کرو اور عَورت کو نازک ظرف جان کر اُسکی عِزت کرو اور یوں سمجھو کہ ہم دونوں زِندگی کی نِعمت کے وارث ہیں تاکہ تمہاری دُعائیں رک نہ جائیں۔' 1 پطرس 3 باب 7 آیت
'اَے شوہرو! اپنی بِیویوں سے محبت رکھو اور اُن سے تلخ مزاجی نہ کرو۔'
کلسیوں 3 باب 19 آیت

بیویوں کے لیے

'اَے بیویو! اپنے شوہروں کی ایسی تابع رہو جیسے خُداوند کی۔' اِفسیوں 5 باب22 آیت

'اَے بِیویو! تم بھی اپنے شوہر کے تابع رہو۔'

'چُنانچہ سارّہ ابراہام کے حکم میں رہتی اور اُسے خُداوند کہتی تھی۔ تم بھی اگر نیکی کرو اور کِسی ڈراوے سے نہ ڈرو تو اُسکی بیٹیاں ہُوئیں۔' 1 پطرس 3 باب 1 اور 6 آیات

والدین کے لیے

'اور اَے اولاد والو! تم اپنے فرزندوں کو غُصّہ نہ دِلاؤ بلکہ خُداوند کی طرف سے تربیت اور نصیحت دے دے کر اُنکی پرورش کرو۔' اِفسیوں 6 باب 4 آیت

اولاد کے لیے

اَے فرزندو! خُداوند میں اپنے ماں باپ کے فرمانبردار رہو کیونکہ یہ واجِب ہے۔ اپنے باپ کی اور ماں کی عِزت کر (یہ پہلا حکم ہے جسکے ساتھ وعدہ بھی ہے)۔ تیرا بھلا ہو اور تیری عمر زمین پر دراز ہو۔' اِفسیوں 6 باب 1-3 آیات

ہر قسم کے نوکروں کے لیے

(خادم، خادمہ، اُجرت پر رکھے گئے مزدُور)

اَے نوکرو! جو جسم کی رُو سے تمہارے مالک ہیں اپنی صاف دِلی سے ڈرتے اور کانپتے ہوئے اُنکے ایسے فرمانبردار رہو جیسے مسیح کے۔ اور آدمیوں کو خُوش کرنے والوں کی طرح دِکھاوے کے لیے خِدمت نہ کرو بلکہ مسیح کے بندوں کی طرح دِل سے خُدا کی مرضی پُوری کرو۔ اور اُس خدمت کو آدمیوں کی نہیں بلکہ خُداوند کی جان کر جی سے کرو۔ کیونکہ تم جانتے ہو کہ جو کوئی جیسا اچھا کام کریگا خواہ غُلام ہو خواہ آزاد خُداوند سے وَیسا ہی پائیگا۔' اِفسیوں 6 باب 5-8 آیات کُلسیوں 3 باب 22-24 آیات بھی دیکھیں۔

مالک اور مالکن کے لیے

اَے مالکو! تم بھی دھمکیاں چھوڑ کر اُنکے ساتھ ایسا ہی سلوک کرو کیونکہ تُم جانتے ہو کہ اُنکا اور تمہارا دونوں کا مالک آسمان پر ہے اور وہ کِسی کا طرفدار نہیں۔' اِفسیوں 6 باب 9 آیت

اَے مالکو! اپنے نوکروں کے ساتھ یہ جان کر عدل و اِنصاف کرو کہ آسمان پر تمہارا بھی ایک مالک ہے۔' کُلسیوں 4 باب 1 آیت

عام طور پر نوجوانوں کے لیے

'اَے جوانو! تُم بھی بُزرگوں کے تابع رہو بلکہ سب کے سب ایک دوسرے کی خِدمت کے لئے فروتنی سے کمربستہ رہو اِسلئے کہ خُدا مغرُوروں کا مقابلہ کرتا ہے مگر فروتنوں کو توفِیق بخشتا ہے۔ پس خُدا کے قوّی ہاتھ کے نیچے فروتنی سے رہو تاکہ وہ تمہیں وقت پر سَربُلند کرے۔' 1 پطرس 5 باب 5-6 آیات

بیواؤں کے لیے

'جو واقعی بیوہ ہے اور اُسکا کوئی نہیں وہ خُدا پر اُمید رکھتی ہے اور رات دِن مُناجات اور دُعاؤں میں مشغُول رہتی ہے۔ مگر جو عَیش وعِشرت میں پڑ گئی ہے وہ جیتے جی مر گئی ہے۔' 1 تیمتھیس 5 باب 5-6 آیات

سب کے لیے مشترکہ طور پر

'آپس کی محبت کے سِوا کِسی چیز میں کِسی کے قرضدار نہ ہو کیونکہ جو دوسرے سے محبت رکھتا ہے اُس نے شریعت پر پورا عمل کیا۔ کیونکہ یہ باتیں کہ زِنا نہ کر۔ خُون نہ کر۔ چوری نہ کر۔ لالچ نہ کر اور اِنکے سِوا اور جو کوئی حکم ہو اُن سب کا خلاصہ اس بات میں پایا جاتا ہے کہ اپنے پڑوسی سے اپنی مانِند مُحبت رکھ۔' رُومیوں 13 باب 8-9 آیات

'پس میں سب سے پہلے یہ نصیحت کرتا ہوں کہ مناجاتیں اور دُعائیں اور التجائیں اور شُکر گزاریاں سب آدمیوں کے لیے کی جائیں۔ 1 تیمتھیس 2 باب 1 آیت ہر کوئی اپنا سبق احتیاط سے یاد رکھے، اور تمام اہل خانہ کا بھلا ہو۔'

I0528569

www.ingramcontent.com/pod-product-compliance
Lightning Source LLC
Chambersburg PA
CBHW051337120626
46547CB00016B/2582

* 9 7 8 1 9 6 0 8 4 0 1 1 0 *